MINISTÈRE DE LA GUERRE

INSTRUCTION

SUR LE

MARQUAGE DES EFFETS DE HARNACHEMENT

DU

SERVICE DE L'ARTILLERIE ET DES ÉQUIPAGES MILITAIRES

DANS

LES CORPS DE TROUPES DE TOUTES ARMES

ET

DANS LES ÉTABLISSEMENTS DE L'ARTILLERIE

APPROUVÉE LE 5 MAI 1897

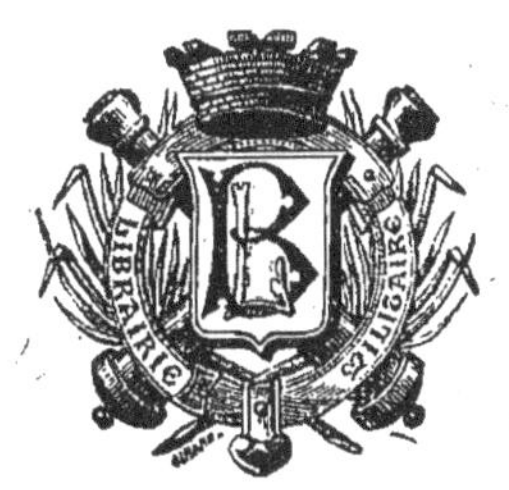

PARIS
LIBRAIRIE MILITAIRE DE L. BAUDOIN
IMPRIMEUR-ÉDITEUR
30, Rue et Passage Dauphine, 30

1897

RÉPUBLIQUE FRANÇAISE

MINISTÈRE DE LA GUERRE

INSTRUCTION

SUR LE MARQUAGE DES EFFETS

DE HARNACHEMENT

DU SERVICE DE L'ARTILLERIE

ET DES ÉQUIPAGES MILITAIRES

DANS LES CORPS DE TROUPES DE TOUTES ARMES

ET DANS LES ÉTABLISSEMENTS DE L'ARTILLERIE

APPROUVÉE LE 5 MAI 1897

PARIS

IMPRIMERIE NATIONALE

1897

MINISTÈRE
DE LA GUERRE.

COMITÉ TECHNIQUE
DE L'ARTILLERIE.

RÉPUBLIQUE FRANÇAISE.

Paris, le 5 mai 1897.

INSTRUCTION

sur le marquage des effets de harnachement du service de l'artillerie et des équipages militaires dans les corps de troupes de toutes armes et dans les établissements de l'artillerie [1].

Les marques à apposer sur les effets de harnachement du service de l'artillerie et des équipages militaires se divisent en trois catégories, savoir :

1° Marques de fabrication [2];

2° Marques d'affectation [3];

3° Marques de collection [4].

MARQUES DE FABRICATION.

Les marques de fabrication font connaître l'origine, le millésime de fabrication et la taille des effets qui doivent servir à constituer

---

[1] Cette instruction annule et remplace les tableaux des marques distinctives et des marques complémentaires à apposer sur divers effets de harnachement des chevaux de l'artillerie et des équipages militaires, approuvés le 19 juillet 1886.

[2] Appelées autrefois : *Marques distinctives.*

[3] Appelées autrefois : *Marques complémentaires.*

[4] Marques créées par le décret du 9 janvier 1896 sur le service du harnachement dans les corps de troupe.

des harnais de taille exceptionnelle ou des harnais de taille ordinaire.

Elles comprennent en outre, quand il y a lieu, le poinçon de vérification du contrôleur.

Origine des effets. — L'origine des effets ou parties d'effets de harnachement confectionnés dans les établissements de l'artillerie sera indiquée au moyen des lettres initiales prescrites par le tableau des marques distinctives de ces établissements, approuvé le 9 septembre 1886.

Les effets fabriqués dans l'industrie seront marqués du nom et du lieu de résidence du fabricant : au besoin, ces indications seront données au moyen de lettres initiales et, dans ce cas, mention des abréviations employées devra être faite dans les marchés souscrits par les fabricants.

Les effets confectionnés dans les corps de troupe porteront, dans les mêmes conditions, le nom du maître sellier et l'indication du régiment ou de l'escadron auquel il appartient.

Millésime de fabrication. — Toutes les marques indiquant l'origine des effets ou parties d'effets de harnachement seront suivies des deux derniers chiffres du millésime de fabrication.

Taille des effets. — Les effets qui entrent dans la composition des harnachements de selle et de trait reçoivent, suivant qu'ils sont de taille exceptionnelle, de 1re, de 2e ou de 3e taille, les marques EX, 1 T, 2 T ou 3 T. Dans le harnachement des animaux de bât, certains effets sont confectionnés sur deux tailles, selon qu'ils sont destinés à des chevaux ou à des mulets de bât; les premiers reçoivent la marque EX (taille exceptionnelle), les seconds la marque T O (taille ordinaire).

Dimensions et apposition des marques. — La hauteur des marques indiquant l'origine des effets ou objets provenant de l'industrie privée et des corps de troupe sera comprise entre 3 et 15 millimètres pour les effets en métal ou en cuir, et entre 15 et 30 millimètres pour les effets en tissu, sauf les couvertures : celles-ci recevront les marques d'origine prescrites par les tables de construction du harnachement, approuvées le 12 mars 1887.

Les autres marques de la première catégorie auront la forme et les dimensions indiquées au tableau N° 1 ci-après.

Toutes ces marques seront apposées conformément aux indications données audit tableau.

Le poinçon du contrôleur sera appliqué, autant que possible, près du millésime de fabrication.

On se conformera, en outre, pour l'application des marques dont il s'agit, aux instructions du 31 janvier 1888 relatives à la réception des effets de harnachement confectionnés dans l'industrie, dans les établissements de l'artillerie et dans les corps de troupe.

MARQUES D'AFFECTATION.

Les marques d'affectation font connaître le corps de troupe et l'unité administrative auxquels les effets sont affectés ; elles comprennent en outre le numéro de série donné à chaque effet.

Le corps de troupe et l'unité administrative sont désignés par leur numéro d'ordre et par des lettres distinctives dont le détail est donné au tableau N° 2 ci-après.

Toutes les marques de cette catégorie, ainsi qu'il est expliqué plus loin, sont apposées sur les effets de l'approvisionnement de l'État désignés au tableau N° 1 ci-après et sur ceux de l'approvisionnement des unités administratives ; par contre, les effets de l'approvisionnement dit *de corps,* lesquels ne sont pas encore affectés à une unité, ne reçoivent que le numéro et la lettre du corps.

Les effets de l'approvisionnement de l'État et ceux de l'approvisionnement des unités forment, au point de vue spécial du numérotage, trois séries distinctes, savoir :

1° Effets de l'approvisionnement de l'État en dépôt dans les magasins, en vue de la mobilisation ;

2° Effets de la collection de guerre ou de parade, — approvisionnements des unités administratives, collection 1 ;

3° Effets de la collection d'instruction, — approvisionnement des unités administratives, collection II.

Tous les effets de la même série attribués à un cheval ou à un mulet portent, quel que soit le modèle des effets ou de leurs parties constitutives, le même numéro que la garniture de tête affectée à l'animal; il n'est fait exception à cette règle que pour la selle et ses accessoires (sacoches, botte porte-carabine, etc.), lorsque cette selle entre dans la composition d'un harnais d'attelage.

Les effets de même espèce et de séries différentes, qui portent le même numéro, se distinguent les uns des autres comme il est dit plus loin (page 13).

Les numéros attribués aux effets de chaque série sont les suivants :

		ARTILLERIE.	TRAIN des ÉQUIPAGES MILITAIRES.	AUTRES ARMES.
Selles de harnais d'attelage.		Nᵒˢ 1 à 200..........	Nᵒˢ 1 à 200	Nᵒˢ 1 à 20.
Garnitures de tête.	Pour harnachement de cheval de selle de troupe............	Nᵒˢ 201 à 300.........	Nᵒˢ 201 à 300	Nᵒˢ 21 à 30.
	de harnais pour la conduite à la Daumont — de devant. porteur...	Nᵒˢ impairs de 301 à 499.	Nᵒˢ impairs de 301 à 499.	Nᵒˢ impairs de " à "
	de devant. sous-verge.	Nᵒˢ pairs de 302 à 500.	Nᵒˢ pairs de 302 à 500.	Nᵒˢ pairs de " à "
	de derrière. porteur...	Nᵒˢ impairs de 501 à 749.	Nᵒˢ impairs de 501 à 599.	Nᵒˢ impairs de 31 à 99
	de derrière. sous-verge.	Nᵒˢ pairs de 502 à 750.	Nᵒˢ pairs de 502 à 600.	Nᵒˢ pairs de 32 à 100
	De harnais pour la conduite en guides.... porteur...	Nᵒˢ impairs de 751 à 799.	Nᵒˢ impairs de 601 à 749.	Nᵒˢ impairs de 101 à 199
	sous-verge.	Nᵒˢ pairs de 752 à 800.	Nᵒˢ pairs de 602 à 750.	Nᵒˢ pairs de 102 à 200
	De harnais de tous modèles pᵣ voitures à 2 roues. limonier..	Nᵒˢ impairs de 801 à 829.	Nᵒˢ impairs de 751 à 799.	Nᵒˢ impairs de 201 à 299
	2ᵉ cheval.	Nᵒˢ pairs de 802 à 830.	Nᵒˢ pairs de 752 à 800.	Nᵒˢ pairs de 202 à 300
	De harnais de bât....	Nᵒˢ 831 à 1000......	Nᵒˢ 801 à 1000......	Nᵒˢ 301 à 450.
	Pour animaux non harnachés (1)........	Nᵒˢ 1001 à 2000	Nᵒˢ 1001 à 2000	Nᵒˢ 451 à 500.

(1) Animaux des dépôts de remonte mobile et chevaux ou mulets haut le pied, non harnachés.

Dans les cas exceptionnels où les numéros ci-dessus ne seraient pas en nombre suffisant pour tous les effets de la même catégorie et de la même série, on prendrait les numéros complémentaires en recommençant par les premiers numéros de chaque catégorie d'effets augmentés de 2000 pour l'artillerie et le train des équipages militaires, et de 500 pour toutes les autres armes.

APPLICATION DES MARQUES D'AFFECTATION.

a). *Approvisionnement de l'État.* — Parmi les effets de harnachement de l'approvisionnement de l'État, ceux dont la nomenclature est donnée au tableau N° 3, page 26, et qui sont en outre affectés à des formations actives ou territoriales, portent seuls, en temps de paix, des marques d'affectation.

Ces marques comprennent le numéro et la lettre du corps, le numéro et la lettre de l'unité à laquelle les effets sont affectés, et le numéro de série de l'effet *précédé d'un zéro.*

Les marques dont il s'agit sont appliquées de trois manières différentes, savoir :

1° *Sur les pièces en cuir,* au moyen de petites plaques en laiton frappées à froid de lettres majuscules et de chiffres arabes de 3 millimètres de hauteur (capitales maigrettes en terme de typographie).

Ces plaques devront avoir 1 millimètre d'épaisseur; elles seront en outre percées de deux trous de rivets de 3 millimètres 1 de diamètre.

Les autres dimensions de ces plaques sont données dans le croquis ci-après :

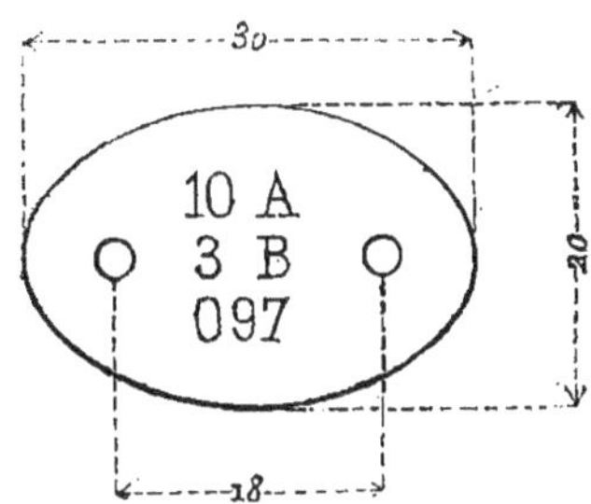

Les arêtes des plaques sont adoucies sur les deux faces (pour cette pération, les plaques sont passées au tonneau).

Les marques sont disposées sur trois lignes parallèles au grand axe de la plaque et espacées d'environ 1 milimètre 5, le numéro et la lettre de l'unité administrative sur la ligne médiane et entre les deux trous de rivets; elles sont apposées sur les plaques avant la mise en place de celles-ci.

Les plaques sont appliquées sur la face extérieure des pièces, aux emplacements indiqués dans le tableau N° 3 ci-après; elles sont fixées par deux rivets en cuivre rouge [1] à tête plate légèrement fraisée.

$$\text{Diamètre} \begin{cases} \text{de la tige} \ldots \ldots \text{3 millimètres.} \\ \text{de la tête} \ldots \ldots \text{6 à 7 millimètres.} \end{cases}$$

Les têtes des rivets portent directement sur le cuir et ne doivent former ni saillie, ni bavure; les rivures sont bouterollées sur les plaques.

Ces rivets pourront être remplacés au besoin par des clous à tête plate, en même métal et de mêmes dimensions.

La ligne des rivets sera disposée dans le sens de la longueur de la pièce de cuir, et non transversalement, pour éviter de créer une ligne de rupture qui affaiblirait la pièce.

2° *Sur les effets en tissu*, au moyen d'étiquettes en toile écrue.

Ces étiquettes seront prélevées dans un ruban à double lisière de 50 à 55 millimètres de largeur pour les surfaix de couvertures, et de 130 à 150 millimètres pour les autres effets; la longueur de ces étiquettes sera de 30 à 35 centimètres pour les premières, et de 130 à 150 millimètres pour les secondes.

Les marques seront apposées, sur ces étiquettes, à l'encre noire indélébile, en lettres majuscules et en chiffres arabes de 30 milli-

---

[1] Il est indispensable, pour qu'on puisse remplacer une plaque par une autre sans être obligé de percer de nouveaux trous de rivets, que l'écartement de ces trous dans les pièces en cuir et les plaques en laiton soit rigoureusement égal au chiffre donné par le dessin des plaques.

Le marquage et la mise en place des plaques sont du ressort d'un ouvrier en fer et non d'un bourrelier.

mètres de hauteur (capitales grasses, en terme de typographie); elles seront disposées soit sur une seule ligne, soit sur trois lignes parallèles à l'une des lisières et espacées entre elles d'environ 15 millimètres. Dans ce dernier cas, le numéro et la lettre de l'unité sont sur la ligne médiane.

Les étiquettes sont cousues solidement sur les effets aux emplacements indiqués dans le tableau N° 3, les extrémités perpendiculaires aux lisières préalablement bordées par un ourlet de 5 à 10 millimètres de largeur.

3° *Sur les fouets pour la conduite en guides,* ou moyen de viroles découpées dans des tubes en laiton.

La hauteur de ces viroles sera de 20 millimètres et l'épaisseur du métal de 1 à 2 millimètres, leur diamètre intérieur variera suivant la grosseur du manche.

Les arêtes des bords intérieur et extérieur seront adoucies.

La virole reçoit, avant d'être mise en place, des marques d'affectation identiques à celles des plaques apposées sur les cuirs; elle est ensuite enfoncée sur le manche du fouet de manière à ne pas ballotter, en avant de la garniture en basane fixée au gros bout du manche, puis maintenue au moyen d'une seconde garniture, également en basane et de 25 millimètres de hauteur, fixée en avant de la virole. Les deux extrémités de cette nouvelle garniture sont amincies pour se superposer. La nouvelle garniture est arrêtée par trois clous à tête plate, de 15 millimètres de longueur, placés sur la même génératrice.

b) *Approvisionnement de corps.* — Les effets de l'approvisionnement de corps ne reçoivent, comme marque d'affectation, que le numéro et la lettre distinctive du corps.

Cette marque est apposée par les soins de l'officier d'habillement sur tous les effets détaillés au tableau N° 4 ci-après, et conformément aux indications données audit tableau.

c) *Approvisionnement des unités administratives.* — Les effets de l'approvisionnement des unités administratives portent les mêmes marques d'affectation que les effets de l'approvisionnement de l'État, c'est-à-dire le numéro et la lettre du corps et de l'unité, et le numéro de série de l'effet.

Toutefois, le numéro de série n'est pas précédé d'un zéro ; de plus, les effets de la collection I et ceux de la collection II constituent, ainsi qu'il a été dit plus haut, deux séries distinctes.

Les marques d'affectation sont apposées ou complétées par les soins des commandants des unités sur tous les effets de l'une et de l'autre collection dont le détail est donné au tableau N° 5 ci-après, et d'après les indications contenues dans ce tableau.

Les plaques en laiton qui doivent être employées pour marquer certains effets, ainsi que les rivets destinés à fixer ces plaques, seront identiques aux objets similaires décrits précédemment pour le marquage des effets de l'approvisionnement de l'État. On devra en outre utiliser pour fixer ces plaques les trous de rivets déjà pratiqués dans le même but.

Les fouets pour la conduite en guides sont également marqués comme ceux de l'approvisionnement de l'État.

MARQUE DE COLLECTION.

La marque de collection fait connaître le classement attribué aux effets de l'approvisionnement des unités administratives [1].

Elle se compose de chiffres romains : I pour la collection de guerre ou de parade, II pour la collection d'instruction, dont les hauteurs sont les suivantes :

5o millimètres pour les bâches de bâts des Équipages militaires et les couvertures ;

3o millimètres pour les effets en tissu autres que ceux désignés à l'alinéa précédent et les panneaux de porteur pour la conduite en guides ;

---

[1] La marque de collection n'est apposée en aucun cas sur les effets de l'approvisionnement de l'État mis en service dans les unités administratives, soit temporairement en temps de paix, soit au moment de la mobilisation.

15 millimètres pour toutes les pièces en cuir et les panneaux de porteur.

Elle est appliquée au moyen de la composition Trotry-Latouche sur les couvertures, de peinture à la céruse ou au blanc de zinc sur les bâches de bâts des Équipages militaires et sur les cuirs noirs et au moyen d'encre noire indélébile sur tous les autres effets.

La marque de collection est appliquée sur tous les effets qui portent les marques d'affectation (Tableau N° 5), soit à la suite, soit au-dessous du numéro de série, suivant que les marques d'affectation sont elles-mêmes disposées sur une seule ou sur trois lignes. Toutefois, lorsque ces marques d'affectation sont appliquées au moyen de plaques ou de viroles en laiton fixées sur les effets, la marque de collection, au lieu d'être frappée sur ces plaques ou viroles [1], est apposée aux emplacements déterminés au tableau N° 6.

OBSERVATIONS GÉNÉRALES SUR LE MARQUAGE.

Les différentes indications que fournissent les marques d'affectation et de collection placées sur la même ligne doivent être séparées les unes des autres par un intervalle de largeur égale à la hauteur des lettres et des chiffres, exemple :

3A   8B 503   II

(3° Régiment d'artillerie. — 8° Batterie. — N° de série 503. — Collection II.)

Lorsque les marques appliquées en noir sur les effets en cuir fauve tendront à disparaître par suite de changements dans la nuance du cuir, on pourra effacer complètement ces marques en noircissant l'emplacement qui leur était réservé, et reproduire de nouvelles marques à la peinture blanche sur fond noir.

---

[1] Cette opération nécessiterait le démontage de la plaque ou de la virole.

CESSION ET DISTRIBUTION DES EFFETS.

En temps de paix, lorsqu'un effet passera de l'approvisionnement de l'État à celui d'un corps de troupe, les plaques ou étiquettes portant les marques d'affectation de cet effet seront enlevées par l'établissement pour être appliquées sur l'effet destiné à remplacer celui qui aura été mis en service [1].

Ce dernier effet recevra, par les soins de l'officier d'habillement, le numéro et la lettre du corps de troupe ; s'il passe directement de l'approvisionnement de l'État à celui d'une unité administrative, il est marqué entièrement par les soins du commandant de cette unité.

Dans tous les cas, l'effet mis en service dans une unité prendra le numéro de série de celui qu'il remplace. En particulier, les plaques en laiton provenant des effets mis hors de service seront appliquées sur les nouveaux effets, en utilisant les anciens trous de rivets.

Les plaques en laiton seront également enlevées par l'unité d'origine sur les effets cédés à une autre unité ; mais il appartiendra à l'unité réceptionnaire de faire disparaître les autres marques de l'unité d'origine, en effaçant, comme il a été dit ci-dessus (observations générales sur le marquage), celles que portent les effets en cuir. On procédera d'une manière analogue pour les effets en tissu, afin que les nouvelles marques soient apposées sur l'emplacement qu'occupaient les anciennes.

A la mobilisation, les effets de l'approvisionnement de l'État seront mis en service dans les unités avec les marques qu'ils porteront.

Aussitôt après l'ajustage d'un harnachement, les effets détaillés

---

[1] Cette disposition facilitera le renouvellement des effets d'ancienne confection, en permettant de les distribuer à des corps de troupe autres que ceux auxquels ils étaient attribués en vue de la mobilisation. Pour enlever les plaques en laiton, il faut couper les rivures avec un burin ou les affleurer à la lime, puis chasser les rivets avec un poinçon ou une pointe du diamètre du rivet (3 millimètres).

au tableau N° 5 et qui ne porteront ni étiquette en toile, ni plaque en laiton, recevront par les soins des commandants des unités, les marques d'affectation prescrites audit tableau.

Le numéro de série de ces effets sera précédé d'un zéro.

Les effets qui portent une étiquette seront marqués en dernier lieu, dans les mêmes conditions, et les étiquettes seront enlevées.

Celles de ces opérations qui n'auront pu être effectuées avant la mise en route des détachemeuts ou des unités seront faites ultérieurement, et aussitôt que les circonstances le permettront, en se conformant, s'il est nécessaire, aux indications du paragraphe ci-après, intitulé : *marques de circonstance.*

DISTINCTION DES EFFETS DE CHAQUE SÉRIE.

Il résulte de ce qui précède que les effets de harnachement en service, de même espèce et de séries différentes, qui porteront le même numéro, se distingueront les uns des autres de la manière suivante :

1° Effets de l'approvisionnement de l'État. — Le numéro de série de ces effets sera précédé d'un zéro ;

2° Effets de la collection de guerre ou de parade. — Les effets de cette collection porteront le chiffre romain I ;

3° Effets de la collection d'instruction. — Les effets de cette collection porteront le chiffre romain II.

MARQUES DE CIRCONSTANCE.

Les effets expédiés à des unités mobilisées et ceux qu'il deviendrait nécessaire de marquer en campagne recevront des marques à l'encre noire ordinaire ou à la peinture blanche très liquide. Ces inscriptions seront faites conformément aux indications concernant les marques d'affectation ou les marques de collection, suivant le cas.

Toutefois, s'il s'agit d'effets qui devraient normalement porter une plaque en laiton, toutes les marques ci-dessus seront inscrites aux emplacements indiqués au **tableau N° 6.**

Ces marques, de circonstance peuvent être tracées, à défaut de jeu de marques, au moyen d'une plume ou d'un petit morceau de bois taillé en forme de coin.

MESURES TRANSITOIRES.

Les anciens fleurons seront maintenus sur les brides et les dessus de cou des harnais existant en service ou en magasin ; ils seront enlevés sur tous les bridons à œillères, les selles et les harnais à collier.

Les marques apposées sur les fleurons des brides et des dessus de cou seront effacées ou barrées à la lime.

Les marques d'affectation apposées en exécution des prescriptions antérieures sur les effets qui ne portaient pas de fleurons seront effacées comme il est dit ci-après :

Sur les effets en tissu, conformément aux indications données au paragraphe : *cession et distribution d'effets ;*

Sur les bâts, en matant au marteau les marques gravées sur les bandelettes d'arcades ;

Sur les effets en cuir marqués à froid ou à chaud, en bâtonnant les anciennes marques à froid ou à chaud également ;

Sur les couvertures, en bâtonnant seulement l'ancien numéro de série au moyen de la composition Trotry-Latouche.

Les marques EX, 1 T, 2 T ou 3 T, appliquées sur certains effets, et en particulier sur le frontal des brides, à l'emplacement que doit occuper la plaque en laiton, seront reproduites sur le cuir des effets, à la gauche des inscriptions apposées sur la plaque.

MISE EN VIGUEUR DE LA PRÉSENTE INSTRUCTION.

Les dispositions prescrites par la présente Instruction seront appliquées immédiatement.

TABLEAU N° 1.

MARQUES DE FABRICATION.

TABLEAU Nº 1. —

NOMENCLATURE des effets et accessoires d'effets de harnachement
modes d'application et

NOTA. — Les marques de fabrication destinées à indiquer l'origine des effets de harnache
tions données au début de la présente Instruction.

Les marques des établissements producteurs, de même que celles destinées à indiquer les
arabes ; elles sont de trois formes ou dimensions différentes, savoir :

1° Capitales maigrettes de 10 millimètres de hauteur (pour les cuirs marqués à froid
2° Capitales grasses de 15 millimètres de hauteur (pour les tissus) ;
3° Capitales maigrettes de 3 millimètres de hauteur (pour les métaux).

Le tableau qui suit indique, pour chaque effet en particulier, dans la colonne 3, celle de
cation des marques.

A moins d'indication contraire, les marques doivent être apposées sur la face extérieure
au milieu de la largeur des cuirs et dans le sens le plus convenable pour éviter de produire
d'origine.

MARQUES DE FABRICATION.

qui doivent recevoir les marques de fabrication ;
emplacements de ces marques.

ment provenant du commerce ou de l'industrie privée sont confectionnées d'après les indica-
millésimes de fabrication et la taille des effets, sont toutes en lettres majuscules et chiffres
ou à chaud) ;

ces trois catégories de marques qui doit être employée, et dans la colonne 4, le mode d'appli-
des pièces, sans couper le fil des coutures ; elles doivent être disposées autant que possible
des lignes de rupture. Le millésime de fabrication est placé à la suite et près de la marque

NOMENCLATURE DES EFFETS QUI DOIVENT RECEVOIR LES MARQUES DE FABRICATION.		FORME des MARQUES.	MODES D'APPLICATION des marques.	EMPLACEMENTS DE LA MARQUE D'ORIGINE ET DU MILLÉSIME DE FABRICATION.	EMPLACEMENTS DES MARQUES INDIQUANT LA TAILLE DES PIÈCES.
Désignation des effets.	Pièces sur lesquelles les marques doivent être appliquées.				
1	2	3	4	5	6
			1º HARNACHEMENT DES CHEVAUX DE L'AR	TILLERIE ET DES ÉQUIPAGES MILITAIRES.	
Garnitures de tête. — Brides — Dessus de tête		1	A froid.	A égale distance de la chape de gourmette et de la fente de droite.	EX ou 2T. — A égale distance de la chape de gourmette et de la fente de gauche.
	Frontal	1	Idem.		EX ou 2T. — A 30 millimètres du milieu du frontal.
	Mors — à barres	3	Idem.	Sur la face extérieure d'une des barres, au-dessous de l'anneau porte-rênes.	
	à branches courbées	3	Idem.	Sur la face extérieure de la branche droite, la marque d'origine au-dessus et le millésime au-dessous de la bossette.	EX, 1T, 2T ou 3T. — Sur la face extérieure de la branche gauche, au-dessus de la bossette.
	à branches droites	3	Idem.	Sur la face extérieure de la branche droite, la marque d'origine au-dessus et le millésime au-dessous de la rivure d'embouchure.	EX, 1T, 2T ou 3T. — Sur la face extérieure de la branche gauche, au-dessus de la rivure d'embouchure.
	Sous-gorge	1	Idem.		EX ou 2T. — A 100 millimètres de l'une des boucles.
Collier d'attache. — Collier		1	Idem.	Sur le blanchet, à 215 millimètres de l'enchapure de la chape à rouleau.	EX, 2T ou 3T. — A la suite du millésime de fabrication.
	Longe en chaine	3	Idem.	Sur une des faces de l'un des T, de chaque côté du trou.	
Panneau de porteur et selles. — Bande de garrot. (Selles.)		3	A froid ou à chaud.	Sur la face interne de la bande, côté droit, entre les deux derniers rivets.	EX ou 2T. — A la suite du millésime de fabrication.
	Étriers	3	A froid, après l'étamage, s'il y a lieu.	Sur la face extérieure de l'un des montants, près du plancher.	
	Panneau de porteur — Panneau	1	A froid.	A gauche et près du milieu du blanchet.	EX ou 2T. — Sur le milieu du blanchet.
	Sangle	1	Idem.		EX, 1T ou 2T. — Au milieu de l'enchapure de la boucle.

TABLEAU Nº 1. — MARQUES DE FABRICATION. (Suite.)

| NOMENCLATURE DES EFFETS QUI DOIVENT RECEVOIR LES MARQUES DE FABRICATION. | | FORME des MARQUES. | MODES D'APPLICATION des marques. | EMPLACEMENTS DE LA MARQUE D'ORIGINE ET DU MILLÉSIME DE FABRICATION. | EMPLACEMENTS DES MARQUES INDIQUANT LA TAILLE DES PIÈCES. |
| Désignation des effets. | Pièces sur lesquelles les marques doivent être appliquées. | | | | |
1	2	3	4	5	6
1º HARNACHEMENT DES CHEVAUX DE L'ARTILLERIE ET DES ÉQUIPAGES MILITAIRES. (Suite.)					
Panneau de porteur et selles. (Suite.)	Poitrail de selle	1	À froid.	Au milieu du blanchet, entre deux coutures.	
	Sacoches	1	Idem.	Sur la face supérieure du chapelet, à gauche et près du galbe.	
	Sangles de selle	1	Idem.	Sur la face extérieure et au milieu de l'une des enchapures	EX, 1T, 2T ou 3T — Sur la face extérieure et au milieu de l'enchapure voisine de celle qui porte la marque d'origine.
	Selle garnie	1	Idem.	Sur le quartier droit, au-dessus de la mortaise de l'étrivière	EX ou 2T. — Sur le quartier gauche, au-dessus de la mortaise de l'étrivière.
Avaloire	Bras du bas	1	Idem.	Sur le blanchet, côté droit, entre la chape de boucleteau de branche et le passant fixe le plus rapproché	EX, 1T ou 2T. — Sur le blanchet, côté gauche, entre la chape de boucleteau de branche et le passant fixe le plus rapproché.
	Bras du haut	1	Idem.		EX, 1T ou 2T. — Sur le blanchet, dans le prolongement du contre-sanglon.
Bricole	Corps de bricole	1	Idem.	Sur le grand blanchet, côté droit, au-dessous de la chape de boucleteau de dessus de cou	EX, 1T ou 2T. — Sur le grand blanchet, côté gauche, au-dessous de la chape de boucleteau de dessus du cou.
Colleron	Colleron	1	Idem.	Entre les coutures qui fixent le contre-sanglon	EX ou 2T. — Sur l'enchapure de la boucle.
Courroie de croupière	Courroie de croupière	1	Idem.		EX ou 2T. — Entre la chape et la boucle rênoir.
Croupière	Croupière	1	Idem.		EX, 1T ou 2T. — Sur la passe de sardos.
Dessus de cou	Dessus de cou	1	Idem.	Sur le blanchet, côté droit, au-dessus et près de l'anneau.	EX, 1T ou 2T. — Sur le blanchet, côté gauche, au-dessus et près de l'anneau.
Dossière	Courroie de dossière	1	Idem.	Au milieu de la courroie, entre les deux passants fixes.	
Plates-longes	Plates-longes	1	Idem.	Au milieu de la plate-longe, dans l'intervalle compris entre deux coutures.	EX, 1T, 2T ou 3T. — À chaque bout, sur la même face et à 600 millimètres des extrémités de la plate-longe, dans l'intervalle compris entre deux coutures.
Harnais — Poches à fers	(Voir ci-après : *Sellette de sous-verge*).	"	"		
Porte-traits de sous-ventrière	(Voir ci-après : *Sous-ventrière*).	"	"		
Sellette de harnais de voitures à deux roues	Bande de dessous d'arcade de devant	3	À froid ou à chaud.	Sur la face interne de la bande, côté droit, entre les deux derniers rivets.	
	Sellette garnie	1	À froid.	Sur le quartier droit, au-dessous du piton de l'anneau de guide.	1T ou 2T. — Sur le quartier gauche, au-dessous du piton de l'anneau de guide.
Sellette de sous-verge	Bande de garrot	3	À froid ou à chaud.	Sur la face interne de la bande, côté droit, entre les deux derniers rivets.	
	Poches à fers	1	À froid.		EX ou 2T. — Sur la face supérieure et à 50 millimètres du milieu du chapelet.
	Sellette garnie	1	Idem.	Sur le quartier droit, à 80 millimètres de l'extrémité inférieure, entre les coutures qui fixent le boucleteau de sous-ventrière.	EX ou 2T. — Sur le quartier droit, dans le prolongement de la couture médiane du boucleteau de sous-ventrière et près du bord inférieur du quartier.
Sous-ventrière	Boucleteau	1	Idem.		EX ou 2T. — Sur le devant de l'enchapure et près de la chape, entre les deux coutures.

TABLEAU N° 1. — MARQUES DE FABRICATION. (Suite.)

NOMENCLATURE DES EFFETS QUI DOIVENT RECEVOIR LES MARQUES DE FABRICATION.		FORME des MARQUES.	MODES D'APPLICATION des marques.	EMPLACEMENTS DE LA MARQUE D'ORIGINE ET DU MILLÉSIME DE FABRICATION.	EMPLACEMENTS DES MARQUES INDIQUANT LA TAILLE DES PIÈCES.
Désignation des effets.	Pièces sur lesquelles les marques doivent être appliquées.				
1	2	3	4	5	6
1° HARNACHEMENT DES CHEVAUX DE L'ARTILLERIE				**ET DES ÉQUIPAGES MILITAIRES. (Suite et fin.)**	
Harnais — Sous-ventrière	Contre-sanglon	1	A froid.	. . . .	EX ou 2 T. — Sur le devant de l'enchapure et près de la chape, entre les deux coutures.
Harnais — Sous-ventrière	Porte-traits	1	Idem.	. . . .	EX, 1 T ou 2 T. — Entre le passant fixe et la chape.
Harnais — Surdos	de harnais M^{le} 1861	1	Idem.	. . . .	EX ou 2 T. — Entre la chape et la couture qui l'avoisine.
Harnais — Surdos	de harnais de conduite en guides	1	Idem.	. . . .	EX ou 2 T. — Au milieu du surdos.
Harnais — Traits de harnais M^{le} 1861	Trait	1	Idem.	A 100 millimètres du crochet de tête de trait, sur la face externe et entre deux coutures.	
Bissac	Devant de poche de gauche	2	Encre noire indélébile.	Sur le milieu du devant de poche. — Les marques sont cachées par la patelette de recouvrement.	
Botte porte-carabine.	Corps de botte	1	A froid.	Au-dessous du collier, dans la partie qui n'est pas recouverte par la courroie de botte.	
Bridon d'abreuvoir	Montant de droite	1	A chaud.	Sur le milieu du montant de droite.	
Couvertures	Couvertures	"	"	Les marques sont obtenues pendant le tissage des couvertures. (Voir les tables de construction du harnachement, approuvée le 12 mars 1887.)	
Accessoires divers. — Étui porte-avoine	Corps de l'étui	2	Encre noire indélébile.	Au milieu de la longueur de l'étui, parallèlement à l'ouverture et à 30 millimètres du bord de celle-ci.	
Fouet pour la conduite en guides	Manche de fouet	1	A froid.	Au milieu de la garniture fixée au gros bout du manche.	
Guides de main	Corps de guide	1	Idem.	Sur le point de réunion des deux parties intermédiaires du corps de guide, entre les deux coutures.	
Licol d'écurie	Montant de gauche	1	A chaud.	Sur le milieu du montant de gauche.	
Musette-mangeoire	Corps de musette	2	Encre noire indélébile.	Sur la face garnie d'œillets d'aérage, au milieu de la surface comprise entre la ligne du bas de ces œillets et le pourtour inférieur de la musette.	
Surfaix de couverture.	Enchapure de la boucle	1	A chaud.	Sur l'enchapure de la boucle, entre les deux coutures.	EX ou 2 T. — Près du millésime de fabrication.
2° HARNACHEMENT DES				**ANIMAUX DE BÂT.**	
Garnitures de tête. — Bridons à œillères	Montant de gauche	1	A froid.	En regard de l'œillère.	
Collier d'attache	Collier	1	Idem.	Sur le blanchet, à 100 millimètres de l'anneau de courroie de longe, du côté de la boucle.	EX ou TO (1). — A la suite du millésime de fabrication.
Collier d'attache	Longe en chaine	3	A froid, après l'étamage.	Sur une des faces du T, de chaque côté du trou.	
Bâts — de l'artillerie	Bandelette d'arcade de devant	3	A froid ou à chaud.	Entre les deux derniers rivets de la bandelette d'arcade de devant, côté gauche, pour les bâts de pièce et d'affût; entre le crochet de charge et le premier rivet, côté gauche, pour le bât de caisses.	
Bâts — des équipages militaires	Bandelette de devant	3	Idem.	Sur la bandelette de devant, au-dessous du trou destiné à recevoir le crochet-rênoir.	EX ou TO (1). — A la suite du millésime de fabrication.

(1) EX pour les colliers d'attache et les bâts destinés aux chevaux de bât; TO pour les objets de même espèce destinés à des mulets de bât.

TABLEAU N° 1. — **MARQUES** DE FABRICATION. (Suite et fin.)

NOMENCLATURE DES EFFETS qui doivent recevoir les marques de fabrication.		FORME des MARQUES.	MODES D'APPLICATION des marques.	EMPLACEMENTS DE LA MARQUE D'ORIGINE et du millésime de fabrication.	EMPLACEMENTS DES MARQUES indiquant la taille des pièces.
Désignation des effets.	Pièces sur lesquelles les marques doivent être appliquées.				
1	2	3	4	5	6
			2ᵉ HARNACHEMENT DES	ANIMAUX DE BÂT. (Suite et fin.)	
Accessoires divers, pour bâts.	Bâches de bâts des équipages militaires } Bâche.	2	Encre noire indélébile.	Sur le milieu du renfort d'enchapure d'anneau de l'un des angles.	
	Poches à fers (artillerie et équipages militaires) } Patelette.	1	A froid.	Au milieu de la largeur et à 60 millimètres environ du bord de la patelette.	
	Sangles (artillerie et équipages militaires) } Sangles.	1	Idem.	Au milieu de la sangle.	1 T, 2 T ou 3 T. — Entre les deux coutures intermédiaires de l'enchapure de l'un des dés.
	Surfaix de charge...] Surfaix.	1	Idem.	Entre les deux passants intermédiaires.	
	Surfaix simple ou dossière. } Surfaix.	1	Idem.	A 280 millimètres de l'une des extrémités de chaque surfaix }	TO. — Au-dessous et près de la marque d'origine et du millésime.
	Surfaix de bât de cheval. } Surfaix.	1	Idem.	A 150 millimètres de l'enchapure du dé fixe. }	EX. — Au-dessous et près de la marque d'origine et du millésime.
Harnais de bâts.	Avaloire ou fessière.. Corps d'avaloire ou de fessière.	1	Idem.	Entre l'un des boucleteaux et la boucle du même côté.	
	Croupières. Croupières.	1	Idem.	Sur la fourche de culeron, près du passant fixe. }	EX ou TO (1). — Sur la longe de croupière, près de la boucle.
	Poitrails. Poitrails.	1	Idem.	Au milieu du blanchet ou du corps de poitrail.	
Accessoires de harnais de bâts.	Couvertures.	»	»	Les marques sont obtenues pendant le tissage des couvertures. (Voir les tables de construction du harnachement, approuvées le 12 mars 1887.)	
	Musette-mangeoire.	2	Encre noire indélébile.	Sur la face garnie d'œillets d'adrage, au milieu de la surface comprise entre la ligne du bas de ces œillets et le pourtour inférieur de la musette.	
	Surfaix de couverture.	1	A chaud.	Sur l'enchapure de la boucle, entre les deux coutures.	EX ou 2 T. — Près du millésime de fabrication.

(1) EX pour les croupières destinées aux chevaux de bât; TO pour les objets de même espèce destinés à des mulets de bât.

TABLEAU N° 2.

LETTRES DISTINCTIVES des corps de troupe et des unités administratives qui devront être employées pour le marquage des effets de harnachement.

DÉSIGNATION des CORPS DE TROUPE.	LETTRES DISTINCTIVES DES CORPS DE TROUPE.		des unités adminis-tratives.	OBSERVATIONS.
	Armée active.	Armée territoriale.		
1	2	3	4	5
BA-TAILLONS. du génie...............	G	GT	C	Les effets de harna-chement destinés à des unités affectées à la dé-fense des places, sans être rattachées à aucun corps de troupe, reçoi-vent, au lieu du nu-méro et de la lettre distinctive du régiment, la lettre initiale du nom de l'arme dont ces uni-tés font partie, et la marque distinctive de la place prescrite par le tableau des marques, approuvé le 9 septem-bre 1886.
de chasseurs à pied.......	CH P	CH P T	C	
d'infanterie légère d'Afri-que....................	I L A	″	C	
RÉ-GIMENTS. d'infanterie.............	I	I T	C	
de zouaves...............	Z	Z T	C	
de tirailleurs algériens.....	T A	″	C	
Étrangers...............	E	″	C	
de cuirassiers...........	C	″	E	
de dragons.............	DR	DR T	E	Exemples :
de chasseurs........	CH	CH T	E	Artillerie.
de hussards.............	H	H T	E	Place de Toul.
de chasseurs d'Afrique.....	CH A	CH A T	E	A. — TL.
de spahis.............	S	″	E	3 B.
d'artillerie............	A	A T	B / S M / S P	0,125
				Train des équipages militaires.
				Place de Besançon.
de chemins de fer (génie)..	C F G	C F G T	C	TE. — BN.
				3 C.
				0,125
Escadrons du train des équipages mili-taires.....................	T E	T E T	C	

TABLEAU N° 3.

APPROVISIONNEMENT DE L'ÉTAT.

TABLEAU N° 3. — MARQUES D'AFFECTATION DE L'APPROVISIONNEMENT DE L'ÉTAT.

NOMENCLATURE des effets et accessoires d'effets de harnachement de ces effets, modes d'application qui doivent recevoir les marques d'affectation; numéros de séries et emplacements de ces marques.

NOMENCLATURE DES EFFETS qui doivent recevoir les marques d'affectation. (1)	NUMÉROS DE SÉRIE DES EFFETS. (2)	MODES D'APPLICATION DES MARQUES. (3)	EMPLACEMENTS DES MARQUES. (4)	OBSERVATIONS. (5)
1° HARNACHEMENT DES CHEVAUX D'ARTILLERIE ET DES ÉQUIPAGES MILITAIRES.				
Garnitures de tête. Frontal des brides de tous modèles..	Voir page 6	Plaque en laiton.	Sur le milieu du frontal.	Les indications relatives aux formes et aux dimensions des marques, des plaques en laiton, des étiquettes en toile, etc., sont données aux pages 7, 8 et 9 d'autre part.
Collier d'attache........	Numéro de la bride......	Idem.	Au milieu et sur la coiffe du collier (en remplacement du fleuron).	(1) Les marques sont disposées sur 3 lignes.
Selles garnies. de cheval de selle de troupe........	Numéro de la garniture de tête.......	Idem.	Sur le blanchet, à 75 millimètres de l'enchapure de la chape à rouleau.	(2) Pour les animaux qui ne doivent pas être harnachés.
de harnais d'attelage.......	Voir page 6	Idem.	Sur le faux quartier de gauche, à hauteur de la mortaise que traverse le dernier contre-sanglon simple de sangle, et au milieu de la largeur comprise entre cette mortaise et le bord postérieur du faux quartier.	(3) Ou numéro du bridon d'abreuvoir, pour les effets destinés à des animaux qui ne doivent pas être harnachés.
Harnais. à bricole de tous modèles, moins la selle..........	Numéro de la garniture de tête	Idem.	Sur le feutre extérieur du corps de bricole, côté gauche, entre le blanchet et le pli du feutre, le milieu de la plaque au-dessus de la maille porte-plate-longe.	(4) Les marques sont disposées sur une seule ligne.
à collier de tous modèles.......	Idem.........	Idem.	Sur le collier, entre les deux passes et au milieu de la largeur comprise entre les coutures. (La plaque est cintrée à la demande du collier) (6).	(5) Les accessoires de harnais de bâts (couvertures, musettes-mangeoires et surfaix de couvertures) sont marqués de la même manière que les effets de même espèce du harnachement des chevaux.
Sellette de harnais de voitures à 2 roues.	Idem.........	Idem.	Sur le quartier gauche, à 30 millimètres du bord antérieur et à 180 millimètres du bord inférieur du quartier.	(6) La plaque ou virole est appliquée sur les anciennes marques d'affectation.
Sellette de sous-verge. Sellette garnie.......	Idem.........	Idem.	Sur le quartier droit, au milieu de sa largeur et à 130 millimètres de l'extrémité inférieure.	
Poches à fers.......	Idem.........	Idem.	Sur la face supérieure et au milieu du chapelet.	
Accessoires divers. Bissac.........	Idem.........	Étiquette en toile (1).	Sur le devant de poche de droite, le bord supérieur de l'étiquette à hauteur du bas de la fente. (L'étiquette est cachée par la patelette de recouvrement.)	
Boîte porte-carabine........	Idem.........	Plaque en laiton.		
Bridon d'abreuvoir........	Voir page 6 (2)......	Idem.	Sur le milieu du frontal.	
Couvertures....	Numéro de la garniture de tête (3)...	Étiquette en toile (1).	Dans l'angle de gauche, au-dessous de la marque de fabrication.	
Étui porte-avoine........	Numéro de la garniture de tête.......	Étiquette en toile (1).	Au milieu de la longueur de l'étui, parallèlement à l'ouverture et du côté opposé aux marques de fabrication.	
Fouet pour la conduite en guides....	Numéro de la garniture de tête du porteur ou du limonier.......	Virole en laiton.	À l'extrémité de la garniture en cuir fixée au gros bout du manche (6).	
Licol d'écurie.......	Numéro du bridon d'abreuvoir (2)........	Plaque en laiton.	Au milieu du dessus de nez.	
Musette-mangeoire.......	Numéro de la garniture de tête (3).......	Étiquette en toile (1).	Au milieu de la largeur de la face garnie d'œillets d'aérage, le bord supérieur de l'étiquette affleurant le bord supérieur de la musette.	
Surfaix de couvertures........	Numéro de la garniture de tête (3).......	Étiquette en toile (4).	Entre le passant de sangle et le contre-sanglon, le premier chiffre près du passant de sangle.	
2° HARNACHEMENT DES ANIMAUX DE BÂT (5).				
Garnitures de tête. Bridons à œillères........	Voir page 6........	Plaque en laiton.	Sur le frontal sous-gorge, le milieu de la plaque à 114 millimètres de chacun des trous de lanières d'œillères.	
Colliers d'attache........	Numéro du bridon à œillères	Idem.	Sur le blanchet, à 200 millimètres de l'anneau de courroie de longe, du côté opposé à la boucle.	
Bâts de l'artillerie et des équipages militaires......	Numéro de la garniture de tête	Idem.	Au milieu de la largeur du contre-sanglon de montant de poitrail de gauche, et à 60 millimètres environ en avant de l'arcade.	
Accessoires pour bâts. Bâches de bâts des équipages militaires........	Idem.........	Étiquette en toile (1).	Du côté du renfort qui porte les marques de fabrication, le milieu de l'étiquette au milieu de la longueur de la bâche et son bord inférieur affleurant le bord de la bâche.	
Poches à fers........	Idem.........	Plaque en laiton.	Sur le dessus de la patelette, entre les deux contre-sanglons et à 30 millimètres environ du bord de la patelette.	
Harnais de bâts. — Poitrails......	Idem.........	Idem.	Sur le poitrail, le milieu de la plaque à 90 millimètres environ en arrière de l'un des axes de rivets de montant de poitrail.	

Tableau nº 4. — MARQUES D'AFFECTATION DE L'APPROVISIONNEMENT DE CORPS.

Nomenclature des effets et accessoires d'effets de harnachement qui doivent recevoir les marques d'affectation; modes d'application et emplacements de ces marques.

Nota. — Les effets qui passent de l'approvisionnement de l'État à l'approvisionnement des corps de troupe et ceux que ces corps sont autorisés à recevoir directement du commerce ou de l'industrie au titre de ce dernier approvisionnement ne doivent porter, comme marque d'affectation, que le numéro et la lettre distinctive du corps.

Ces marques se composent de lettres majuscules et de chiffres arabes; elles sont appliquées de cinq manières différentes, savoir :

1° Peinture à la céruse ou au blanc de zinc, en capitales grasses de 50 millimètres de hauteur (pour les bâches de bâts des équipages militaires);

2° Composition Trotry-Latouche, appliquée au moyen de capitales grasses de 50 millimètres de hauteur également (pour les couvertures);

3° Encre noire indélébile, appliquée au moyen de capitales grasses de 30 millimètres de hauteur (pour les effets en tissus autres que les couvertures, les bâches de bâts et les panneaux de porteur);

4° Encre noire indélébile, appliquée au moyen de capitales grasses de 15 millimètres de hauteur (pour les pièces en cuir et les panneaux de porteur);

5° Capitales maigrettes de 3 millimètres de hauteur (pour les sangles de selles).

A moins d'indications contraires, les marques du § 4° ci-dessus sont toujours appliquées sur le côté chair du cuir.

On observera, dans l'application des marques, que leurs emplacements ont été déterminés de manière à permettre d'apposer à la suite de la marque du corps les numéros des unités administratives, les numéros de série des effets et enfin les marques de collection.

Pour le marquage des effets en cuir noir, on emploiera la peinture à la céruse ou au blanc de zinc aux lieu et place de l'encre indélébile.

1er HARNACHEMENT DES CHEVAUX DE L'ARTILLERIE ET DES ÉQUIPAGES MILITAIRES.

DÉSIGNATION DES EFFETS. (1)	PIÈCES SUR LESQUELLES LES MARQUES doivent être appliquées. (2)	MODES d'application des marques. (3)	EMPLACEMENTS DES MARQUES. (4)
Garnitures de tête. — Brides.	Dessus de tête	4	Entre les deux chapes de gourmette de rechange, le premier chiffre à hauteur de l'une de ces chapes.
	Frontal	4	Au milieu du frontal.
	Longes bouclées, Mle 1861 ou allongées	4	Près de l'extrémité cousue du porte-longe.
	Rênes : de bride de porteur	4	Près de l'extrémité cousue de l'un des porte-rênes.
	Rênes : de bride de sous-verge, grand côté.	4	Près de l'extrémité cousue du porte-rênes.
	petit côté.	4	*Idem.*
	de filet	4	Près de l'extrémité cousue de l'un des porte-rênes.
	Sous-gorge	4	Près de l'enchapure de l'une des boucles.
Collier d'attache.	Collier	4	Sur le côté interne du feutre et à l'intérieur du pli, le premier chiffre à 200 millimètres de la chape à rouleau.
Panneau de porteur et selles.	Courroies (chacune)	4	Près de l'enchapure de la boucle.
	Étrivières (chacune)	4	*Idem.*
	Panneau de porteur	4	Sur la toile de matelassure, dans le dégagement ménagé pour la liberté de garrot, le premier chiffre à 50 millimètres de la bordure antérieure du panneau.
Panneau de porteur et selles. (Suite.)	Poitrail. Corps de poitrail	4	Au milieu du corps de poitrail, sur le côté interne du feutre et à l'intérieur du pli.
	Poitrail. Contre-sanglons (chacun)	4	Entre les trous d'ardillon, le premier chiffre près du 5e trou.
	Porte-sabre. Courroie	4	Près de l'enchapure de la boucle.
	Porte-sabre. Plaque de frottement.	4	Sur la ligne médiane de la plaque, le premier chiffre près du bord supérieur de la plaque.
	Sacoches	4	Sur la face inférieure et sur la ligne médiane de la sacoche de gauche, le premier chiffre près de la mortaise.
	Sangles de selle	5	Sur la face extérieure de l'une des enchapures qui ne porte aucune marque de fabrication, le premier chiffre près de la couture de gauche et à 25 millimètres au-dessous du bord supérieur de l'enchapure.
	Selle garnie	4	Sous le quartier de gauche, au milieu de sa largeur et à 100 millimètres du bord inférieur.
Harnais. Avaloire.	Bras du bas	4	Près de la boucle d'avaloire de gauche.
	Bras du haut	4	A 225 millimètres environ de l'extrémité gauche du bras.

TABLEAU N° 4. — MARQUES D'AFFECTATION DE L'APPROVISIONNEMENT DE CORPS. (Suite.)

1° HARNACHEMENT DES CHEVAUX DE L'ARTILLERIE

DÉSIGNATION DES EFFETS. 1	PIÈCES SUR LESQUELLES LES MARQUES doivent être appliquées. 2	MODES d'application des marques. 3	EMPLACEMENTS DES MARQUES. 4
Harnais. (Suite.) — Bricole.....	Corps de bricole..........	4	A hauteur de la maille porte plate-longe de gauche, sur le côté interne du feutre et à l'intérieur du pli.
Colleron....	Corps de colleron..........	4	Sur le côté interne du colleron et à l'intérieur du pli, près de la courroie de dragonne.
	Courroie d'agrafe..........	4	Près de l'enchapure de la boucle.
Courroies....	de croupière..........	4	Près de l'enchapure de la chape.
	de retraite, de réunion de la bricole à l'avaloire, trousse-traits (chacune)..........	4	Près de l'enchapure de la boucle.
Croupière...	Croupière..........	4	En avant et près de la passe de surdos.
Dessus de cou.	Dessus de cou..........	4	Près de l'une des extrémités du feutre.
Dossière....	Boucleteau de sous-ventrière...	4	A 50 millimètres environ du bout de l'enchapure de la chape double à rouleau.
	Courroie de dossière........	4	Entre l'une des boucles et l'extrémité du même côté de la courroie, le premier chiffre près de la boucle.
Plates-longes.	Plates-longes..........	4	A chaque bout, sur la face opposée à celle qui porte les marques de la taille, et à hauteur de ces marques.
Sellettes....	de harnais de voitures à deux roues..........	4	Sous le quartier gauche, au milieu de sa largeur, et à 50 millimètres au-dessus du bord inférieur du quartier.
de sous-verge. — Courroies (chacune)........		4	Près de l'enchapure de la boucle.
	Poches à fers.....	4	Sur la face inférieure et au milieu du chapelet.
	Sellette garnie...	4	Sous le quartier droit, au milieu de sa largeur et à 130 millimètres de l'extrémité inférieure.
Sous-ventrières.	Boucleteau..........	4	Près de l'enchapure de la chape.
	Contre-sanglon..........	4	Idem.
Surdos..... — de harnais Mle 1861.	Boucleteaux (chacun)........	4	Près de l'enchapure de la boucle.
	Surdos..........	4	Près de la couture qui réunit les deux parties du surdos.
	de harnais de conduite en guides.	4	Dans la partie la plus large du cuir, le premier chiffre à 250 millimètres de l'une des extrémités du surdos.

ET DES ÉQUIPAGES MILITAIRES. (Suite et fin.)

DÉSIGNATION DES EFFETS. 1	PIÈCES SUR LESQUELLES LES MARQUES doivent être appliquées. 2	MODES d'application des marques. 3	EMPLACEMENTS DES MARQUES. 4
Harnais. (Suite.) — Traits......	Traits..........	4	Sur la face interne de chaque trait, le premier chiffre à 200 millimètres du crochet de tête de trait.
Accessoires divers......	Bissac..........	3	Sur le devant de poche de droite, à 25 millimètres du bord supérieur de la poche, le numéro du corps à gauche et la lettre à droite de la fente.
Botte porte-carabine.	Courroie de botte.	4	Près de l'enchapure de la boucle.
	Courroie de crosse.	4	Idem.
	Bridon d'abreuvoir..........	4	Au milieu du frontal.
Courroies pour l'allongement.	des sangles de selle.	4	Près de l'enchapure de la boucle.
	de la dossière....	4	Idem.
	Couvertures..........	2	Au milieu de la largeur de la bande jaune, au-dessus de la marque de fabrication, le premier chiffre près de la lisière de gauche.
	Étui porte-avoine..........	3	Parallèlement à l'ouverture et du côté opposé aux marques de fabrication, le premier chiffre à 200 millimètres du milieu de l'ouverture et à 30 millimètres de la couture longitudinale.
	Guides de main..........	4	Sur le corps de guide, côté chair, et près de l'extrémité cousue de l'un des porte-guides.
	Licol d'écurie..........	4	Au milieu du dessus de nez.
	Musette-mangeoire..........	3	Sur la face garnie d'œillets d'aérage, parallèlement au bord supérieur de la musette, le premier chiffre près de l'œillet de suspension de gauche.
	Surfaix de couverture........	3	Sur la face extérieure de la sangle et près du passant de sangle.

Tableau n° 4. — **MARQUES D'AFFECTATION DE L'APPROVISIONNEMENT DE CORPS.** (Suite et fin.)

2° HARNACHEMENT DES ANIMAUX DE BÂT.

DÉSIGNATION DES EFFETS. 1	PIÈCES SUR LESQUELLES LES MARQUES doivent être appliquées. 2	MODES d'application des marques. 3	EMPLACEMENTS DES MARQUES. 4
Garnitures de tête......	Bridons à œillères. { Frontal sous-gorge	4	A égale distance des deux trous de lanières d'œillères.
	Rêne, petit côté..	4	Près de l'enchapure de la boucle.
	Colliers d'attache. { Collier..........	4	Sur la face interne, entre la boucle et l'anneau de courroie de longe.
	Courroie de longe.	4	Près de l'enchapure de la boucle.
Bâts de l'artillerie et des équipages militaires.	Contre-sanglon de montant de poitrail de gauche........	4	Près de l'extrémité libre du contre-sanglon.
	Bâches de bâts des équipages militaires..............	1	Du côté du renfort qui porte les marques de fabrication, au milieu de la longueur de la bâche et à 300 millimètres du bord.
Accessoires de bâts de l'artillerie et des équipages militaires.	Courroies { d'arcades........	4	Près de l'enchapure de la boucle.
	de brélage de caisses..........	4	Idem.
	de chargement....	4	Idem.
	d'entretoises de devant et de derrière........	4	Idem.
	de surcharge.....	4	Idem.
	Poches à fers.............	4	Au milieu de la face interne de la patelette.
Accessoires de bâts. (Suite.)	Sangles.................	4	Sur la fleur du cuir, vers le bout qui porte la marque de la taille et perpendiculairement à la ligne médiane de la sangle, le bord supérieur des chiffres et lettres à hauteur du bout du feutre.
	Surfaix de charge..........	4	Près de l'enchapure de la boucle.
	Surfaix simple ou dossière.....	4	A 400 milimètres environ de l'une des extrémités du surfaix.
	Avaloire ou fessière..........	4	A hauteur du bout de l'enchapure de l'une des boucles.
	Boîtes-supports de limonière...	4	Sur la face interne de chaque boîte, le premier chiffre près du fond de l'ouverture de l'olive.
Harnais de bâts........	Courroies. { Dossière........	4	Près de l'enchapure de la boucle.
	Support de limonière.........	4	Près de l'enchapure de l'anneau triangulaire.
	de retraite........	4	Près de l'enchapure de la boucle.
	porte-traits......	4	Idem.
	Croupière.................	4	Sur la longe de croupière ou de fourche de croupière, à 75 millimètres environ en avant de la boucle.
	Poitrail.	4	Sur la face interne du poitrail et au milieu de sa longueur.
Accessoires de harnais de bâts.	Couverture, surfaix de couverture et musette-mangeoire...	"	Comme il est prescrit au § 1er ci-dessus, pour les objets de même espèce.

TABLEAU N° 5. — **MARQUES D'AFFECTATION DE**

NOMENCLATURE des effets et accessoires d'effets d'affectation; modes d'application de harnachement qui doivent recevoir les marques et emplacements de ces marques.

NOTA. — Les effets désignés au tableau ci-après et qui viennent à faire partie de l'approvisionnement des unités administratives doivent porter en temps de paix, quelle que soit leur provenance et outre les marques de collection dont il est question à la page 10 :

(a) Le numéro et la lettre distinctive du corps (cette marque est apposée par les soins des commandants des unités sur tous les effets qui proviennent directement, soit de l'approvisionnement de l'État, soit du commerce ou de l'industrie);

(b) Le numéro et la lettre distinctive de l'unité;

(c) Un numéro de série (ce numéro n'est pas précédé d'un zéro).

Toutes ces marques sont composées de lettres majuscules et de chiffres arabes de quatre formes ou dimensions différentes, savoir :

1° Caractères de 5o mil. de hauteur, capitales grasses (pour les bâches de bâts des équipages militaires et les couvertures);

2° ————— 3o ———————————— (pour les effets en tissu autres que les couvertures, les bâches de bâts et les panneaux de porteur);

3° ————— 15 ———————————— (pour certains effets en cuir et les panneaux de porteur);

4° ————— 3 ————————maigrettes (pour les plaques ou viroles en laiton, les objets en métal et les sangles de selles).

Pour le marquage des effets en cuir noir, on emploiera la peinture à la céruse ou au blanc de zinc aux lieu et place de l'encre indélébile.

NOMENCLATURE DES EFFETS QUI DOIVENT RECEVOIR LES MARQUES D'AFFECTATION.	FORME des MARQUES.	MODES D'APPLICATION des marques.	NUMÉROS DE SÉRIE des effets.	EMPLACEMENT DES PLAQUES ou viroles en laiton.	EMPLACEMENT de la MARQUE DU CORPS.	EMPLACEMENT DU NUMÉRO et de la lettre de l'unité, et du numéro de série.	OBSERVATIONS.
1	2	3	4	5	6	7	8
1° HARNACHEMENT DES CHEVAUX DE L'ARTILLERIE ET DES ÉQUIPAGES MILITAIRES.							
Garnitures de tête. — Brides. — Dessus de tête	3	Encre noire indélébile.	Numéro du frontal...	....	Voir le tableau N° 4....	A la suite de la marque du corps et sur la même ligne.	
Frontal	4	Plaque en laiton....	Voir les indications données à la page 6.	Voir le tableau N° 3....	"	"	
Longes bouclées	3	Encre noire indélébile.	Numéro du frontal...	....	Voir le tableau N° 4....	A la suite de la marque du corps et sur la même ligne.	
Rênes. — de bride de porteur	3	Idem	Idem	....	Idem	Idem.	
de bride de sous-verge, grand côté	3	Idem	Idem	....	Idem	Idem.	
petit côté	3	Idem	Idem	....	Idem	Idem.	
de filet	3	Idem	Idem	....	Idem	Idem.	
Sous-gorge	3	Idem	Idem	....	Idem	Idem.	
Collier d'attache. — Collier	4	Plaque en laiton.....	Numéro de la bride..	Voir le tableau N° 3....	"	"	

TABLEAU N° 5. — MARQUES D'AFFECTATION DE L'APPRO-

VISIONNEMENT DES UNITÉS ADMINISTRATIVES. (Suite.)

NOMENCLATURE DES EFFETS qui doivent recevoir les marques d'affectation.	FORME des marques.	MODES d'application des marques.	NUMÉROS de série des effets.	EMPLACEMENT des plaques ou viroles en laiton.	EMPLACEMENT de la marque du corps.	EMPLACEMENT du numéro et de la lettre de l'unité, et du numéro de série.	OBSERVATIONS.
1	2	3	4	5	6	7	8
1° HARNACHEMENT DES CHEVAUX DE L'ARTILLERIE				ET DES ÉQUIPAGES MILITAIRES. (Suite.)			
Panneau de porteur et selles. Courroies (chacune)...........	3	Encre noire indélébile.	N° de la selle ou du panneau........	....	Voir le tableau N° 4....	A la suite de la marque du corps et sur la même ligne.	
Étrivières (chacune)...........	3	Idem...........	Idem...........	....	Idem...........	Idem.	
Panneau de porteur...........	3	Idem...........	N° de la garniture de tête...........	....	Idem...........	Idem.	
Poitrail. Corps de poitrail...........	3	Idem...........	N° de la selle...........	....	Idem...........	Idem.	
Poitrail. Contre-sanglons (chacun)...	3	Idem...........	Idem...........	....	Idem...........	Idem.	
Porte-sabre. Courroie...........	3	Idem...........	Idem...........	....	Idem...........	Idem.	
Porte-sabre. Plaque de frottement......	3	Idem...........	Idem...........	....	Idem...........	Idem.	
Sacoches...........	3	Idem...........	Idem...........	....	Idem...........	Idem.	
Sangles de selle...........	4	A froid...........	Idem...........	....	Idem...........	Idem.	
Selles garnies. de cheval de selle de troupe.	4	Plaque en laiton....	N° de la garniture de tête...........	Voir le tableau N° 3....	"	"	
Selles garnies. de harnais d'attelage......	4	Idem...........	Voir les indications données à la page 6.	Idem...........	"	"	
Harnais. Avaloire. Bras du bas...........	3	Encre noire indélébile.	N° de la garniture de tête...........	....	Voir le tableau N° 4....	A la suite de la marque du corps et sur la même ligne.	
Avaloire. Bras du haut...........	3	Idem...........	Idem...........	....	Idem...........	Idem.	
Bricole. — Corps de bricole...........	4	Plaque en laiton....	Idem...........	Voir le tableau N° 3....	"	"	
Colleron. Corps de colleron...........	3	Encre noire indélébile.	Idem...........	....	Voir le tableau N° 4....	A la suite de la marque du corps et sur la même ligne.	
Colleron. Courroie d'agrafe...........	3	Idem...........	Idem...........	....	Idem...........	Idem.	
Courroies de croupière...........	3	Idem...........	Idem...........	....	Idem...........	Idem.	
Courroies de retraite...........	3	Idem...........	Idem...........	....	Idem...........	Idem.	
Courroies de réunion de la bricole à l'avaloire...	3	Idem...........	Idem...........	....	Idem...........	Idem.	
Courroies trousse-traits...........	3	Idem...........	Idem...........	....	Idem...........	Idem.	
Croupière...........	3	Idem...........	Idem...........	....	Idem...........	Idem.	
Dessus de cou...........	3	Idem...........	Idem...........	....	Idem...........	Idem.	
Dossière. Boucleteau de sous-ventrière........	3	Idem...........	Idem...........	....	Idem...........	Idem.	
Dossière. Courroie de dossière...........	3	Idem...........	Idem...........	....	Idem...........	Idem.	
Plates-longes...........	3	Idem...........	Idem...........	....	Idem...........	Idem.	
Sellettes de harnais de voitures à 2 roues......	4	Plaque en laiton.....	Idem...........	Voir le tableau N° 3....	"	"	
Sellettes de sous-verge Courroies (chacune)..	3	Encre noire indélébile.	Idem...........	....	Voir le tableau N° 4....	A la suite de la marque du corps et sur la même ligne.	
Sellettes de sous-verge Poches à fers........	4	Plaque en laiton.....	Idem...........	Voir le tableau N° 3....	"	"	
Sellettes de sous-verge Sellette garnie........	4	Idem...........	Idem...........	"	"	"	

Tableau N° 5. — MARQUES D'AFFECTATION DE L'APPROVISIONNEMENT DES UNITÉS ADMINISTRATIVES. (Suite.)

1° HARNACHEMENT DES CHEVAUX DE L'ARTILLERIE ET DES ÉQUIPAGES MILITAIRES. (Suite et fin.)

NOMENCLATURE DES EFFETS qui doivent recevoir les marques d'affectation.	FORME des MARQUES.	MODES D'APPLICATION des marques.	NUMÉROS DE SÉRIE des effets.	EMPLACEMENT DES PLAQUES ou viroles en laiton.	EMPLACEMENT DE LA MARQUE du corps.	EMPLACEMENT DU NUMÉRO et de la lettre de l'unité et du numéro de série.	OBSERVATIONS.
1	2	3	4	5	6	7	8
Harnais. (Suite.) — Sous-ventrière — Boucleteau	3	Encre noire indélébile.	Numéro de la garniture de tête	....	Voir le tableau N° 4	À la suite de la marque du corps et sur la même ligne.	(1) En temps de guerre, le bridon d'abreuvoir, la couverture, le licol d'écurie, la musette-mangeoire et le surfaix de couverture des animaux qui ne sont pas harnachés portent un numéro de série particulier. (Voir les indications données à ce sujet, à la page 6.)
Contre-sanglon	3	Idem	Idem	....	Idem	Idem.	
Surdos de harnais M^ls 1861 — Boucleteaux (chacun)	3	Idem	Idem	....	Idem	Idem.	
Surdos	3	Idem	Idem	....	Idem	Idem.	
de harnais de conduite en guides	3	Idem	Idem	....	Idem	Idem.	
Traits	3	Idem	Idem	....	Idem	Idem.	
Accessoires divers. — Bissac	2	Idem	Idem	....	Idem	Sur deux lignes, au-dessous de la marque du corps.	
Botte porte-carabine — Corps de botte	4	Plaque en laiton	Numéro de la selle	Voir le tableau N° 3	"	"	
Courroie de botte	3	Encre noire indélébile.	Idem	....	Voir le tableau N° 4	À la suite de la marque du corps et sur la même ligne.	
Courroie de crosse	3	Idem	Idem	....	Idem	Idem.	
Bridon d'abreuvoir	4	Plaque en laiton	Numéro de la bride (1)	Voir le tableau N° 3	"	"	
Courroies pour l'allongement — des sangles de selle	3	Encre noire indélébile.	Numéro de la selle	....	Voir le tableau N° 4	À la suite de la marque du corps et sur la même ligne.	
de la dossière	3	Idem	Numéro de la garniture de tête	....	Idem	Idem.	
Couverture	1	Composition Trotry-Latouche	Idem (1)	....	Idem	Idem.	
Étui porte-avoine	2	Encre noire indélébile.	Idem	....	Idem	Idem.	
Fouet pour la conduite en guides	4	Virole en laiton	Numéro de la garniture de tête du harnais de porteur ou de limonier	Voir le tableau N° 3	"	"	
Guides de main	3	Encre noire indélébile.	Idem	....	Voir le tableau N° 4	À la suite de la marque du corps et sur la même ligne.	
Licol d'écurie	4	Plaque en laiton	Numéro de la bride (1)	Voir le tableau N° 3	"	"	
Musette-mangeoire	2	Encre noire indélébile.	Numéro de la garniture de tête (1)	....	Voir le tableau N° 4	À la suite de la marque du corps et sur la même ligne.	
Surfaix de couverture	2	Idem	Idem (1)	....	Idem	Idem.	

Tableau N° 5. — MARQUES D'AFFECTATION DE L'APPROVISIONNEMENT DES UNITÉS ADMINISTRATIVES. (Suite.)

NOMENCLATURE DES EFFETS qui doivent recevoir les marques d'affectation.	FORME des MARQUES.	MODES D'APPLICATION des marques.	NUMÉROS DE SÉRIE des effets.	EMPLACEMENT DES PLAQUES ou viroles en laiton.	EMPLACEMENT DE LA MARQUE du corps.	EMPLACEMENT DU NUMÉRO et de la lettre de l'unité et du numéro de série.	OBSERVATIONS.
1	2	3	4	5	6	7	8
2° HARNACHEMENT DES ANIMAUX DE BÂT.							
Garnitures de tête. — Bridons à œillères. — Frontal sous-gorge.......	4	Plaque en laiton.....	Voir les indications données à la page 6.	Voir le tableau N° 3....	"	"	
Rêne, petit côté.	3	Encre noire indélébile	Numéro du frontal..	....	Voir le tableau N° 4....	A la suite de la marque du corps et sur la même ligne.	
Colliers d'attache — Collier.......	4	Plaque en laiton....	Numéro du bridon à œillères.........	Voir le tableau N° 3....	"	"	
Courroie de longe	3	Encre noire indélébile.	Idem.....	....	Voir le tableau N° 4....	A la suite de la marque du corps et sur la même ligne.	
Bâts de l'artillerie et des équipages militaires...	4	Plaque en laiton....	Numéro de la garniture de tête.......	Voir le tableau N° 3....	"	"	
Accessoires de bâts — Bâches de bâts des équipages militaires...........	1	Peinture à la céruse ou au blanc de zinc.	Idem.....	....	Idem.....	Sur deux lignes, au-dessous de la marque du corps.	
Courroies — d'arcades.....	3	Encre noire indélébile.	Idem.....	....	Idem.....	A la suite de la marque du corps et sur la même ligne.	
de brélage de caisses......	3	Idem.....	Idem.....	....	Idem.....	Idem.	
de chargement..	3	Idem.....	Idem.....	....	Idem.....	Idem.	
d'entretoises de devant et de derrière.....	3	Idem.....	Idem.....	....	Idem.....	Idem.	
de surcharge...	3	Idem.....	Idem.....	....	Idem.....	Idem.	
Poches à fers..........	4	Plaque en laiton....	Idem.....	Voir le tableau N° 3....	"	"	
Sangles..........	3	Encre noire indélébile.	Idem.....	....	Voir le tableau N° 4....	Sur deux lignes, au-dessous de la marque du corps.	
Surfais — de charge.....	3	Idem.....	Idem.....	....	Idem.....	A la suite de la marque du corps et sur la même ligne.	
simple ou dossière.......	3	Idem.....	Idem.....	....	Idem.....	Idem.	

TABLEAU N° 5. — MARQUES D'AFFECTATION DE L'APPROVISIONNEMENT DES UNITÉS ADMINISTRATIVES. (Suite et fin.)

NOMENCLATURE DES EFFETS qui doivent recevoir les marques d'affectation. 1	FORME des MARQUES. 2	MODES D'APPLICATION des marques. 3	NUMÉROS DE SÉRIE des effets. 4	EMPLACEMENT DES PLAQUES ou viroles en laiton. 5	EMPLACEMENT DE LA MARQUE du corps. 6	EMPLACEMENT DU NUMÉRO et de la lettre de l'unité et du numéro de série. 7	OBSERVATIONS. 8
2° HARNACHEMENT DES ANIMAUX DE BÀT. (Suite.)

<table>
<tr><td colspan="8">2° HARNACHEMENT DES ANIMAUX DE BÀT. (Suite.)</td></tr>
<tr><td rowspan="8">Harnais de bâts de l'artillerie et des équipages militaires.

Avaloire ou fessière</td><td>Avaloire ou fessière</td><td>3</td><td>Encre noire indélébile</td><td>Numéro de la garniture de tête</td><td>..............</td><td>Voir le tableau N° 4</td><td>A la suite de la marque du corps et sur la même ligne.</td><td rowspan="13">(1) En temps de guerre, le bridon d'abreuvoir, la couverture, le licol d'écurie, la musette-mangeoire et le surfaix de couverture des animaux qui ne sont pas harnachés portent un numéro de série particulier. (Voir les indications données à ce sujet, page 5.)</td></tr>
</table>

<table>
<thead>
<tr><th>NOMENCLATURE DES EFFETS qui doivent recevoir les marques d'affectation.
1</th><th>FORME des MARQUES.
2</th><th>MODES D'APPLICATION des marques.
3</th><th>NUMÉROS DE SÉRIE des effets.
4</th><th>EMPLACEMENT DES PLAQUES ou viroles en laiton.
5</th><th>EMPLACEMENT DE LA MARQUE du corps.
6</th><th>EMPLACEMENT DU NUMÉRO et de la lettre de l'unité et du numéro de série.
7</th><th>OBSERVATIONS.
8</th></tr>
</thead>
<tbody>
<tr><td colspan="8" style="text-align:center">2° HARNACHEMENT DES ANIMAUX DE BÀT. (Suite.)</td></tr>
<tr><td rowspan="9">Harnais de bâts de l'artillerie et des équipages militaires.</td><td>Avaloire ou fessière</td><td>3</td><td>Encre noire indélébile</td><td>Numéro de la garniture de tête</td><td>..............</td><td>Voir le tableau N° 4</td><td>A la suite de la marque du corps et sur la même ligne.</td><td rowspan="13">(1) En temps de guerre, le bridon d'abreuvoir, la couverture, le licol d'écurie, la musette-mangeoire et le surfaix de couverture des animaux qui ne sont pas harnachés portent un numéro de série particulier. (Voir les indications données à ce sujet, page 5.)</td></tr>
<tr><td>Boîtes-supports de limonière</td><td>3</td><td>Idem</td><td>Idem</td><td>..............</td><td>Idem</td><td>Idem</td></tr>
<tr><td>Courroies. dossière</td><td>3</td><td>Idem</td><td>Idem</td><td>..............</td><td>Idem</td><td>Idem</td></tr>
<tr><td>Courroies. support de limonière</td><td>3</td><td>Idem</td><td>Idem</td><td>..............</td><td>Idem</td><td>Idem</td></tr>
<tr><td>Courroies. de retraite</td><td>3</td><td>Idem</td><td>Idem</td><td>..............</td><td>Idem</td><td>Idem</td></tr>
<tr><td>Courroies. porte-traits</td><td>3</td><td>Idem</td><td>Idem</td><td>..............</td><td>Idem</td><td>Idem</td></tr>
<tr><td>Croupière</td><td>3</td><td>Idem</td><td>Idem</td><td>..............</td><td>Idem</td><td>Idem</td></tr>
<tr><td>Poitrail</td><td>4</td><td>Plaque en laiton</td><td>Idem</td><td>Voir le tableau N° 3</td><td>»</td><td>»</td></tr>
<tr><td>Bridons d'abreuvoir</td><td>4</td><td>Idem</td><td>Numéro du bridon à œillères (1)</td><td>Idem</td><td>»</td><td>»</td></tr>
<tr><td rowspan="4">Accessoires divers.</td><td>Couvertures</td><td>1</td><td>Composition Trotry-Latouche</td><td>Idem (1)</td><td>..............</td><td>Voir le tableau N° 4</td><td>A la suite de la marque du corps et sur la même ligne.</td></tr>
<tr><td>Licol d'écurie</td><td>4</td><td>Plaque en laiton</td><td>Idem (1)</td><td>Voir le tableau N° 3</td><td>»</td><td>»</td></tr>
<tr><td>Musette-mangeoire</td><td>2</td><td>Encre noire indélébile</td><td>Idem (1)</td><td>..............</td><td>Voir le tableau N° 4</td><td>A la suite de la marque du corps et sur la même ligne.</td></tr>
<tr><td>Surfaix de couvertures</td><td>2</td><td>Idem</td><td>Idem (1)</td><td>..............</td><td>Idem</td><td>Idem</td></tr>
</tbody>
</table>

Tableau N° 6. — EMPLACEMENTS ATTRIBUÉS :

1° Aux *marques de collection* que doivent recevoir les effets qui portent les marques d'affectation sur des plaques ou viroles en laiton ;

2° Aux *marques de circonstance* (marques d'affectation et de collection), qui doivent être inscrites sur les effets qui devraient normalement porter les marques d'affectation sur des plaques ou viroles, en laiton, et qui ne sont pas pourvus de ces plaques, etc.

NOMENCLATURE DES EFFETS. 1	EMPLACEMENT des MARQUES DE COLLECTION. 2	EMPLACEMENT des MARQUES DE CIRCONSTANCE. 3
1° HARNACHEMENT DES CHEVAUX DE L'ARTILLERIE ET DES ÉQUIPAGES MILITAIRES.		
Garnitures de tête. Frontal des brides....	Sur la chair du cuir, à la suite de la marque du corps. (Voir le tableau N° 4.)..........	Sur la chair du cuir.
Garnitures de tête. Collier d'attache......	A l'intérieur du pli et à la suite de la marque du corps. (Voir le tableau N° 4.)..........	Sur le côté interne du feutre et à l'intérieur du pli.
Selles garnies. de cheval de selle, de troupe............ / de harnais d'attelage ..	Sur le faux quartier de gauche, au-dessous de la plaque en laiton. (Voir le tableau N° 3.)	Sur le faux quartier de gauche et sur une seule ligne, au-dessous des mortaises des contre-sanglons de sangle.
Harnais.... à bricole...........	A l'intérieur du pli et à la suite de la marque du corps. (Voir le tableau N° 4.)..........	Sur le côté interne du feutre et à l'intérieur du pli, à hauteur de la maille porte-plate longe de gauche.
Harnais.... Sellette de harnais de voiture à 2 roues ...	Sous le quartier gauche, à la suite de la marque du corps. (Voir le tableau N° 4.)....	Sous le quartier de gauche et sur une seule ligne.
Harnais.... Sellette de sous-verge. poche à fers.....	Sur la face inférieure du chapelet et à la suite de la marque du corps. (Voir le tableau N° 4.)............	Sous l'un des dessous de poche et sur plusieurs lignes.
Harnais.... Sellette de sous-verge. Sellette garnie	Sous le quartier droit, au-dessous de la marque du corps. (Voir le tableau N° 4.)	Sous le quartier droit et sur une seule ligne.
Accessoires divers. Botte porte-carabine...	Sur le collier, du côté opposé à la plaque en laiton. (Voir le tableau N° 3.)............	Néant.
Accessoires divers. Bridon d'abreuvoir....	Sur la chair du frontal, à la suite de la marque du corps. (Voir le tableau N° 4.)....	Sur la chair du cuir du frontal.
Accessoires divers. Fouet pour la conduite en guides.........	Sur la garniture en basane placée en avant de la virole en laiton. (Voir page 9.) ...	Sur le manche du fouet.
Accessoires divers. Licol d'écurie........	Sur la chair du cuir du dessus de nez, à la suite de la marque du corps. (Voir le tableau N° 4.)..................	Sur la chair du cuir du dessus de nez.

Tableau nº 6. — **EMPLACEMENTS ATTRIBUÉS.** (Suite.)

NOMENCLATURE DES EFFETS. 1	EMPLACEMENT des MARQUES DE COLLECTION. 2	EMPLACEMENT des MARQUES DE CIRCONSTANCE. 3
2º HARNACHEMENT DES ANIMAUX DE BÂT.		
Garnitures de tête. — Bridons à œillères	Sur la chair du frontal sous-gorge, à la suite de la marque du corps. (Voir le tableau Nº 4.)	Sur la chair du frontal sous-gorge du côté et près de la boucle.
Garnitures de tête. — Colliers d'attache	Sur la face interne du collier, à la suite de la marque du corps. (Voir le tableau Nº 4.)	Sur la face interne du collier.
Bâts de l'artillerie et des équipages militaires	Sur le contre-sanglon de montant de poitrail de gauche, côté chair, à la suite de la marque du corps. (Voir le tableau Nº 4.)	Sur le contre-sanglon du montant de poitrail de droite et sur la chair du cuir.
Poches à fers pour bâts	Sur la face interne de la patelette, au dessous de la marque du corps. (Voir le tableau Nº 4.)	Au milieu de la face interne de la patelette.
Poitrails de harnais de bâts	Sur la face interne du poitrail, à la suite de la marque du corps. (Voir le tableau Nº 4.).	Sur la face interne du poitrail.

Paris, le 12 avril 1897.

Le Général de Division,
Président du Comité technique de l'Artillerie,

Nismes.

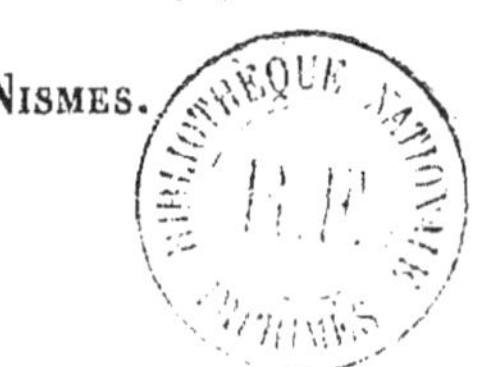

Approuvé, le 5 mai 1897.

Le Ministre de la Guerre,

BILLOT.

PARIS. — IMPRIMERIE L. BAUDOIN, 2, RUE CHRISTINE.